Recrea Books
レクリエ
ブックス

作業療法士が
監修！

身近な素材で
楽しく機能向上！

手と指の
リハビリレク

作業療法士
錠内広之 監修

世界文化社

はじめに

　本書は『レクリエ』に連載された「作業療法的トレーニング」を再編集して単行本化したものです。介護現場で特別な道具がなくても簡単にできて、機能向上につながるレクリエーションを作業療法士が監修しました。

　作業療法とは「人を作業を通して健康や幸福にすること」を目的としたトレーニングで、"作業"とはすべての人間活動を指します。服を着る、箸を持つ、トイレに行くなどの基本的な日常生活動作から、食べる、息をする、排泄するなどの生命維持に必要な機能、そして悲しむ、喜ぶ、楽しむなどの感情表現まで、人間が行っているすべての活動です。

　ここに作業療法士が監修している大きな意味があります。介護現場に負担をかけない方法で、楽しみながら健康や幸福を実現するための、心身への効果が望める活動を提案できる、それが作業療法士です。

　この本では、まずは身近な素材を使って道具を作り出すことから始めます。どんな素材を使ってどう作るのか、その道具をどう使うのか、そしてレクリエーションとして楽しみながら心身機能の向上につなげる活動を、わかりやすく紹介します。

　まずはここで提案したトレーニングを実践してみてください。そして効果を実感していただけたら本望です。

監修　錠内広之

目 次

使っている素材

紙コップ

わりばし

ペットボトル

紙 皿

ストロー

牛乳パック

ラップ芯

輪ゴム

ビー玉

ティッシュボックス

ハンガー

風 船

リハビリレクを楽しく行うために

心身の機能向上を目指すトレーニングでありながら、レクリエーションとしても楽しめるのが「リハビリレク」です。介護施設やリハビリ施設などで、1人でも、2人以上のグループでも行えます。使用する道具は、身近な素材で手作りできるものばかり。スタッフだけでなく、可能な利用者に作ってもらうことも心身の機能向上につながります。効果を第一の目的にするのではなく、「楽しむ」ことを大切に行ってみましょう。

効果を上げるための4つのポイント

1 目的に合わせたプランを選ぶ

利用者の状態をよく観察して、困っている生活動作や鍛えたい動作を見極めて、プランを選びます。

2 動機付けをする

行う前にねらいや目的をきちんと伝え、納得してもらってから行いましょう。

3 参加を強要しない

声かけなどで、モチベーションを上げることは大切ですが、一方で参加を強要するのは避けましょう。場になじむまでは、時間をかけることも重要です。

4 スタッフも一緒に楽しむ

利用者だけでなく、スタッフも一緒に楽しんでください。"共感"が生まれると、トレーニングの効果がよりアップします。

行う際の注意点

その日の体調を確認する
利用者の体調に問題はないか、痛みはないかなどを確認したうえで、実施する。

道具の管理をしっかりする
特に認知機能が低下した人の場合は、使い方が理解できず、道具を口に入れてしまう恐れもあるため、道具の開始時の数と、終了時の数をきちんと数える。

対人関係に配慮する
ペアやグループなどで行う際は、なるべく相性のよい利用者同士で組む。また、下肢や体幹が不安定な利用者や認知症の利用者の近くには、見守りをお願いできる利用者に座ってもらう。

目的で選べる
プラン一覧

リハビリレクのプランが日常生活のどんな
場面に役立つか、目的別にまとめました。
プランを選ぶ際の参考にしてください。

箸をうまく
使いたい

座った時の姿勢
を改善したい

ペットボトルの
ふたを自分で
開けたい

記憶力を
アップしたい

服の袖に
スムーズに
腕を通したい

タオルをしっかり
絞りたい

1人でボタンを
留め・外ししたい

手指 認知機能

つらぬきパズル

紙コップに開けた穴に、わりばしを1本ずつ
通して、2つの穴を貫通させます。何本通す
ことができるでしょう。

ねらい

● 指の器用さを向上させる
　小さな穴に通すことで、手のふるえの改善につながり
　ます。

● 認知機能に刺激を与える
　わりばしをどの穴に入れるか、何本入るかを考えるこ
　とで、判断力や計算力の刺激になります。

[用意するもの]

20か所に丸シールを貼って穴を開け
た紙コップと、わりばし10本を用意し
ます。

● 材料・用具
紙コップ（7オンス程度）1個／わりば
し10本／丸シール20枚／目打ち／丸
形のえんぴつなど

● 作り方

1 紙コップに20か所、
丸シールを貼る。

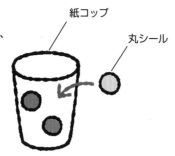

紙コップ

丸シール

2 丸シールの中心に目打ち
で穴を開け、丸形のえん
ぴつなどで、わりばしが
通る大きさまで広げる。

目打ち

① わりばしを穴に通す

紙コップを持ち、穴にわりばしの先をまっすぐ通す。

> [言葉かけ例]
> どの穴から通してもいいですよ。穴をよく見てくださいね。

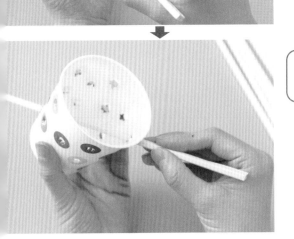

通したわりばしを反対側の穴に通し、外側へ出す。

> [言葉かけ例]
> 紙コップの中を見ながら通してみましょう。

> [言葉かけ例]
> 外側から穴を確認してもいいですね。

> 1本ずつ通して、隣の人に回していきましょう。

3〜4人のグループになり、交代しながら1本ずつ通しても、楽しくトレーニングできます。どの穴に通せるか、教え合うのもよいでしょう。

配慮のポイント

手指のふるえが強かったり、何本も穴に通すのが難しかったりする場合は、穴とわりばしの数を半分に減らします。

② わりばしを10本通す

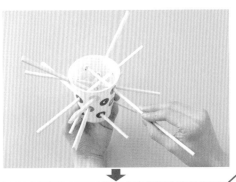

穴にわりばしが通せなくなるまで、通していく。10本すべて通すことができたら、成功！

> [言葉かけ例]
> どの穴が通しやすいか、角度を変えてみましょう。

成功！

上から見ると……

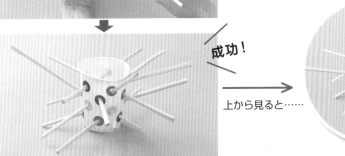

上肢　　座位バランス

紙コップけん玉

紙コップを上下に動かしてバランスをうまくとり、新聞紙の玉を紙コップの飲み口にのせます。

ねらい

● 片方の手での動作をスムーズにする
玉を紙コップにのせることで、上肢のふるえの改善につながります。

● 座位バランスを向上させる
玉を紙コップにのせようと、腕や体を上下左右に動かすことで、座位バランスが改善します。

[用意するもの]

紙コップの底同士を貼り合わせたものに、新聞紙の玉につけた毛糸を結びつけます。毛糸の長さは、身長に合わせて調節しましょう。

● 材料・用具
紙コップ2個（7オンス程度）／新聞紙1/2枚程度／毛糸（50cm程度）／セロハンテープ／マスキングテープ

● 作り方

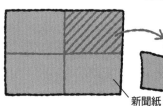

セロハンテープ　　セロハンテープ

新聞紙

1 新聞紙を4等分に切り、1枚を丸め、毛糸を貼る。その上から新聞紙を重ねて丸め、直径10cm程度の玉（紙コップの飲み口にのる大きさ）にして、セロハンテープでまわりをとめる。

玉は、紙コップの飲み口にのる大きさに。

玉は利用者が作ると握力向上の訓練になる。

マスキングテープ　　セロハンテープ

紙コップ

結ぶ

毛糸の長さは35〜40cm程度

毛糸

2 紙コップの底同士を貼り合わせ、毛糸の先をその中心に結びつけてセロハンテープでとめる。紙コップの飲み口が目立つように、マスキングテープを貼る。

玉を紙コップにのせる

いすに座り腕を軽く伸ばして、紙コップを縦に持つ。玉はまっすぐ下におろす。

言葉かけ例

腕を動かさないようにして、玉が揺れないようにしましょう。

けん玉遊びをしたことはありますか？思い出してやってみてくださいね。

グループで行う時は、ぶつからない程度に離れて座り、それぞれのペースで行いましょう。

腕を少し下げて、反動で玉を振り上げる。

玉の動きを見ながら紙コップの飲み口にのせる。

言葉かけ例

紙コップをしっかり持って振り上げます。玉の動きをよく見てくださいね。

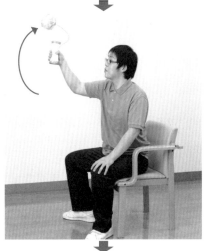

配慮のポイント

バランスがうまくとれず玉がのらない場合は、玉を小さくして紙コップに半分ほど入る大きさにします。

成功！

バランスがとれずに玉が落ちてしまっても、バランスをとろうとすることがトレーニングになる。

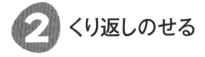 **くり返しのせる**

1をくり返し、5回やって何回成功するかなど、利用者同士で競ってもよい。

言葉かけ例

○○さんお上手ですね。コツを教えていただけますか？

洗濯ばさみツリー

わりばしを洗濯ばさみで挟んで、またはずしていきます。

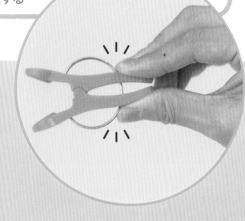

ねらい

● **つまむ力をつける**
洗濯ばさみをしっかりつまむことで、指の力を強化します。

● 指の器用さを向上させる

● 片方の手での動作を
スムーズにする

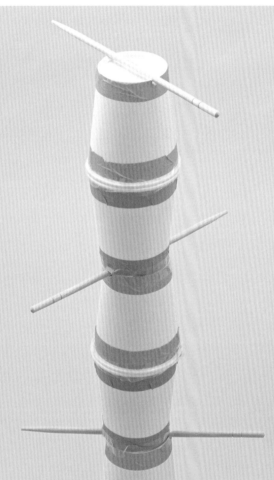

［用意するもの］

紙コップ5個を積み重ねて、そのあいだにわりばしを挟んで固定します。

● **材料・用具**
紙コップ5個／わりばし3本／洗濯ばさみ10個／セロハンテープ／はさみ／マスキングテープ

● 作り方

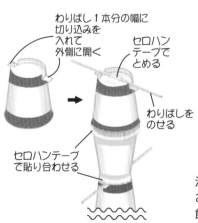

わりばし1本分の幅に切り込みを入れて外側に開く

セロハンテープでとめる

わりばしをのせる

セロハンテープで貼り合わせる

洗濯ばさみは空き箱などの容器に入れておく。紙コップはマスキングテープなどで飾ってもよい。

① 洗濯ばさみで挟む

片手で洗濯ばさみツリーを押さえながら、反対の手で洗濯ばさみをつまみ、わりばしを挟む。ツリーの向きを変えながら洗濯ばさみがなくなるまで行う。

言葉かけ例

好きなところに、どんどん挟んでいきましょう。

洗濯ばさみの先にまた洗濯ばさみをつけてもいいですよ！

配慮のポイント

洗濯ばさみは容器の縁に挟んでおくと、つまむ動作がスムーズに行えます。

② はずす

洗濯ばさみを全部挟んだら1つずつはずしていき、元の容器に戻す。

左右の手を替えて行ってみましょう。

紙コップパズル

輪切りにした紙コップを、見本の絵が貼ってある
紙コップに通し、絵柄を合わせます。

ねらい

- **認知機能に刺激を与える**
  順番を考えて、それを記憶することで、計画力や記憶
  力の刺激になります。
- **指の器用さを向上させる**
- **つまむ力をつける**

［ 用意するもの ］

大きい紙コップ 2 つにだるまの絵を貼ります。
カラーのだるまの紙コップは輪切りにしておきます。

- **材料・用具**
  紙コップ（大）2 個／型紙／はさみやカッター／のり

● 作り方

モノクロ　　カラー

底と飲み口
部分を
切り取る

8 等分に
切る

1 型紙をモノクロとカラーで
コピーし、紙コップに 1 枚
ずつ貼る。

2 カラーの底と飲み口を切り
取り、平らにつぶす。8 等
分に切り、広げる。

● 型紙

紙コップの大きさに
合わせて拡大コピー
して使います。

1 カラーのピースを選ぶ

紙コップに貼ってあるモノクロの絵の見本を見ながら、同じ絵柄のカラーのピースを選ぶ。

2 順番に通して押し込む

選んだピースを順番に通していく。指に力を込めながら、すき間がないようにピースを押し込む。

> **言葉かけ例**
>
> 両手でぎゅっと押し込んでもいいですね。
>
> 輪のサイズが合わなかったら、もう一度選んでくださいね。

ぎゅっ！

3 絵柄を合わせる

すべてのピースを通したら、絵柄が合うようにずれたピースを回して整える。

> **配慮のポイント**
>
> 手がすべるなどして、うまくピースがつかめない場合は、紙コップにビニールテープを貼ると、すべり止めに。カラーの絵柄の裏側に縦に2本ほど貼ってから、輪切りにする。
>
>
>
> ＜裏側＞

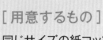 上肢　手指

紙コップタワー

新聞紙を入れた紙コップを、バランスをとりながら
いくつも重ねていきます。

ねらい
- 片方の手での動作をスムーズにする
  決まったところに手を持っていく動作をくり返すことで、手がスムーズに動くようになります。
- 座位バランスを向上
  させる

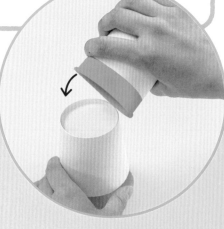

[用意するもの]

同じサイズの紙コップ12個の中に、
1つを除いて新聞紙を丸めて入れます。
飲み口はマスキングテープで飾ります。

● 材料・用具
紙コップ12個／新聞紙／
マスキングテープ

1つだけ、新聞紙を
入れない。（土台）

● 作り方

紙コップの中にA4サイズ
程度に切った新聞紙を丸
めて入れる。紙コップの
半分くらいまで押し込む。
紙コップの飲み口にマス
キングテープを貼る。

① 紙コップを並べる

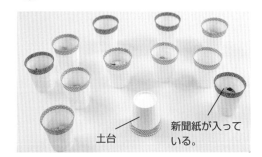

土台の紙コップ（新聞紙が入っていないもの）を伏せて置き、その周りに上に向けた紙コップを並べる。

土台

新聞紙が入っている。

② 重ねていく

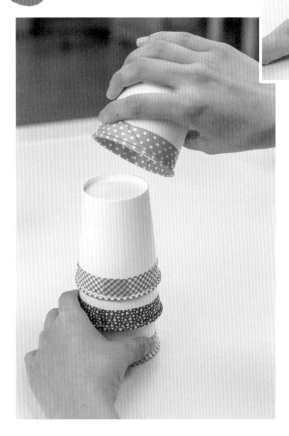

片手で押さえながら、紙コップを逆さにして1個ずつぎゅっと押し込んで重ねていく。

言葉かけ例

近いところの紙コップから重ねていきましょうか。

倒れないようにしっかりタワーを押さえてくださいね。

配慮のポイント

片麻痺などで両手が使えない場合は、スタッフがタワーを押さえましょう。

③ バランスをとる

高くなった紙コップが倒れないように、上のほうを押さえる。

バリエーション

重ね方を変えて

紙コップの飲み口同士、底同士をそれぞれ重ねると、難易度が上がります。

さらに紙コップの向きを交互に、より高く重ねることで、肩関節の可動域の改善にもつながります。

15

紙コップでくるりんぱっ!

交互に上下逆さに置いた紙コップを、手首を返しながら重ねていきます。

● 片方の手での動作をスムーズにする

手首を返す動作をくり返すことで、手のひらでものを受け取る動作がスムーズになります。

● 指の器用さを向上させる

[用意するもの]

紙コップ8個の飲み口をマスキングテープで飾ります。

● 材料・用具
紙コップ8個／マスキングテープ

● 紙コップの持ち方

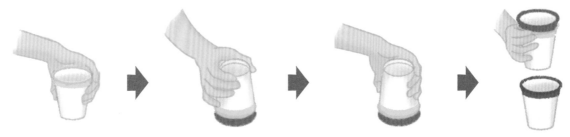

❶手首を返して紙コップを持つ。

❷手首を戻しながら、隣の紙コップに重ねる。

❸一度手を離し、❶の形に持ち替える。

❹手首を戻して、隣の紙コップに重ねる。❶〜❹をくり返す。

❶ 紙コップを交互に並べる

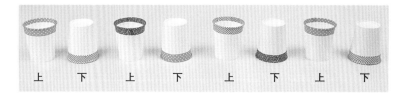

| 上 | 下 | 上 | 下 | 上 | 下 | 上 | 下 |

交互に上下逆さに置いた紙コップを、横一列に並べる。

❷ 手首を返して端の紙コップを持つ

右手の場合は左端の紙コップを手首を返して持つ。腕を体の反対側に伸ばすことでひじや肩のストレッチにもなる。

> **言葉かけ例**
>
> 手首をひねるようにして持ちましょう。
>
> どんどん高く重ねていきましょう。

配慮のポイント

手首を返しづらい人は、体から少し離れたところに紙コップを並べ、腕を伸ばして肩から動かすようにすると、返しやすくなります。反対に、ひじを曲げて行うと難易度が上がります。

❸ 手首を戻して隣の紙コップに重ねる

紙コップを持ったまま手首を戻して、隣の紙コップに重ねる。

バリエーション

絵合わせゲームにしても

紙コップの底にペアのマークや絵柄を描いて、裏返しておきます。ランダムに置いてペアの絵柄を当てるゲームです。楽しみながら、自然と手首を返すトレーニングに。

底にペアのマークを描く

裏返してランダムに置く

❹ 持ち替えて次の紙コップに重ねる

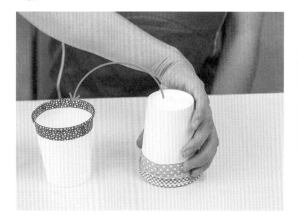

❸で重ねた紙コップをまとめて手首を返して持ち、次の紙コップに重ねる。リズミカルに重ねていく。

> 反対の手でも、行ってみましょう。

わりばしくるくる♪

わりばし2本を輪ゴムで十字にとめ、歌（リズム）に合わせて回します。

[用意するもの]

2本のわりばしの中心を十字になるよう輪ゴムでとめます。わりばしの先をサインペンなどで赤、黒、青、黄に塗っておきます。

● 材料・用具
わりばし2本／輪ゴム1本／サインペン（赤・黒・青・黄）

色を塗る
判別しやすいように、はっきりとした色を先から2cmくらいまで塗る。

輪ゴムでとめる
きちんと十字にならなくてもよい。

18

❶ わりばしを指で回す

十字にしたわりばしを指で持ち替えながら回します。

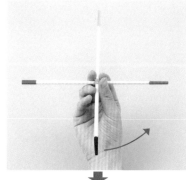

指を使ってしっかり持つ。親指、人さし指、中指の3本だけで持つと難易度が上がる。好きな色を手前にしてスタート。

言葉かけ例
どの指を使ってもいいですよ。

指先が器用になるトレーニングですよ

わりばしを落としてもすぐ拾えるように、テーブルの上で行いましょう。

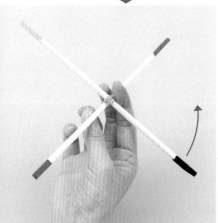

指で持ち替えながら、反時計回り（右手の場合）に回す。はやさよりも、自分のリズムで正確に回すことが大切。

言葉かけ例
落とさないように、指でしっかり持って回しましょう。

配慮のポイント ❶
手のひらを上にして回すことが難しい場合は、手のひらを横に向けて縦に回します。

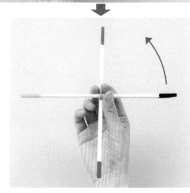

そのまま連続して回す。

言葉かけ例
自分のペースで回しましょう。

逆方向（時計回り）に回したり、反対の手でも行う。

配慮のポイント ❷
わりばしを指でしっかり持てない場合は、テーブルに置いて回します。

❷ 「うさぎとかめ」の歌に合わせて回す

歌に合わせて回すと、楽しくトレーニングができます。下のイラストの通りでなくてかまいません。やりやすいスピードで、リズムにのって行うことが大切です。

歌いながら回しましょう！

①もしもしかめよ	②かめさんよ	③せかいのうちに	④おまえほど
⑤あゆみののろい	⑥ものはない	⑦どうしてそんなに	⑧のろいのか

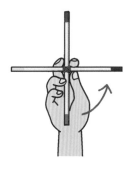
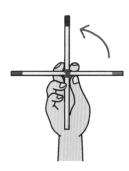
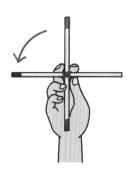
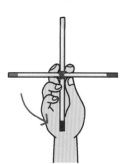

ぐらぐら洗濯ばさみ

ペットボトルに立てたわりばしに、洗濯ばさみを10個挟んでいきます。倒れないようにバランスをとりながら挟みましょう。

ねらい

● **片方の手での動作をスムーズにする**
ペットボトルが倒れないように、バランスを考えながら洗濯ばさみを挟むことで、手がスムーズに動くようになります。

● つまむ力をつける

[用意するもの]

ペットボトル（300mL程度）に、わりばし3本を組んで輪ゴムでとめたものを立てます。わりばし3本を高い位置で組んで不安定にさせることがポイントです。洗濯ばさみはカゴなどに入れましょう。

● 材料・用具
わりばし3本／輪ゴム2本／ペットボトル1本
（300mL程度）／洗濯ばさみ10個

● 作り方

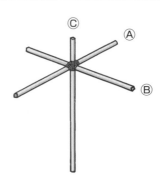

1 2本のわりばしⒶⒷを十字に輪ゴムでとめる。

2 ⒶⒷと垂直になるように、もう1本のわりばしⒸを輪ゴムでとめる。ペットボトルに挿した時に、輪ゴムが飲み口につかない高さにする。

3 わりばしⒸをペットボトルに挿す。

洗濯ばさみを挟む

わりばしに、洗濯ばさみを挟んでいきます。

洗濯ばさみを1つずつわりばしに挟む。この時ペットボトルは手で押さえず、片手で行う。

言葉かけ例

挟むのは上からでも下からでもいいですよ。

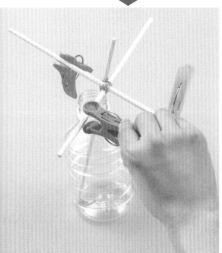

ペットボトルが倒れないよう、挟む位置を考えながらつけていく。挟みづらいところは、腕を伸ばしたり、手首をひねったりして挟む。

言葉かけ例

次は反対側に挟むと、バランスがとれそうですね。

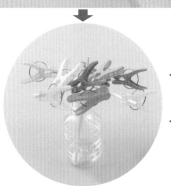

倒さずに10個挟むことができたら、成功！

できました！

2人で行う場合は、お互いの手の届く位置にペットボトルを置きます。向かい合って交互に1つずつ洗濯ばさみを挟んでいきます。

倒れたら起こして、そこから再スタート。

配慮のポイント

バランスをとるのが難しい場合は、スタッフがペットボトルを押さえて倒れないようにしましょう。

 # 洗濯ばさみをはずす

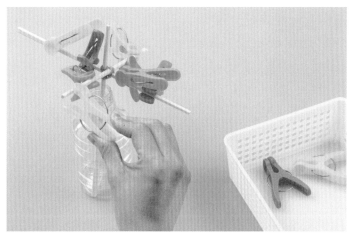

全部挟んだら、今度は1つずつはずしていき、元のカゴに戻す。

言葉かけ例

今度は倒れないように気をつけながら、はずしていきましょう。

色合わせボトル

ペットボトルと同じ色のふたを探して、ふたを閉めます。

ねらい

● **つまむ力をつける**
指でふたを回し、もう片方の手でペットボトルを持つことで、つまむ力と握力の向上につながります。

● 指の器用さを向上させる
● 認知機能に刺激を与える

[用意するもの]

ペットボトル（300mL程度）5本にそれぞれ異なる色のおりがみを入れ、ふたの表には同じ色のおりがみを貼ります。ボトルはカゴなどに入れておきます。

● 材料・用具

ペットボトル5本（300mL程度）／ペットボトルのふた5個／おりがみ（5色。赤、青、黄、黒、緑など判別しやすい色がよい）／両面テープ

おりがみを半分に切り、色が外側になるように巻いて、ペットボトルに入れる。

ペットボトルのふたの表に、丸く切ったおりがみを貼る。

① ペットボトルを選ぶ

ふたは裏返しておく。ペットボトルを1本選んで持つ。

言葉かけ例

好きな色を
選んでくださいね。

赤を選びました！

2人で行う場合は、ボトルをそれぞれのカゴに入れておきます。ふたは2人分交ぜておいてもよいでしょう。

② 同じ色のふたを探す

 つまんで　 表に返す

ボトルを持ったまま、反対の手でふたを表に返して、同じ色を探す。

言葉かけ例

残念！　違いましたね。別のふたを選びましょう。

違ったら元に戻し、同じ色が出るまで探す。

同じ色がありました！

配慮のポイント ①

握力が弱くふたが回しづらい場合は、ボトルの底を持ちます。ふたではなくボトルのほうを回すと、力が入りやすくなります。

③ ふたを閉める

ボトルと同じ色のふたが見つかったら、ふたを閉める。5本すべて同じように行う。

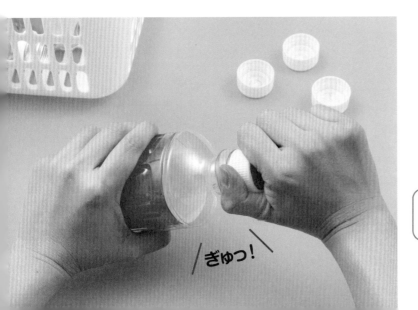

ぎゅっ！

配慮のポイント ②

片麻痺などで両手が使えない場合は、濡れふきんの上にボトルをまっすぐ置いて、片手で下に押すようにしながら、ふたを閉めるとよいでしょう。

言葉かけ例

しっかり持って、
きゅっと閉めましょう。

色分けボード

おりがみで色分けしたマス目に、同じ色のおりがみを貼った、ペットボトルのふたを置いていきます。

ねらい

● 認知機能に刺激を与える
色を探し、また色の違いを判別することで、判断力や記憶力がつきます。

● 指の器用さを向上させる

● 片方の手での動作を
スムーズにする

[用意するもの]

工作用紙に30個のマス目を描き、左半分に15色のおりがみを貼ります。
ペットボトルのふたにも同じ色のおりがみを貼ります。

● 材料・用具
工作用紙（白、B4サイズ）／おりがみ（15色）／ペットボトルのふた15個／のりや両面テープ／サインペン（黒）

★色の組み合わせについて

色には、高齢者にとって判別しやすい組み合わせと、判別しにくい組み合わせがあります。以下を参考にして、両方を交ぜて自由に配置しましょう。

判別しやすい組み合わせ例
赤、青、緑、白、黄、ピンク

判別しにくい組み合わせ例
紺、紫、黒、水色、グレー、茶、オレンジ、ベージュ、クリーム

● 作り方

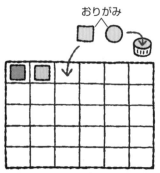

工作用紙

サインペン

おりがみ

1 工作用紙を30等分して鉛筆で下書きをし、サインペンでなぞってマス目を作る。

2 左半分の15マスに、切ったおりがみを貼る。丸く切った同じ色のおりがみを、15個のふたの表に貼る。

① マス目にふたを置く

右半分の白いマスに、色の面を伏せてふたをランダムに置いていく。

言葉かけ例
つまむ力がつきますよ!

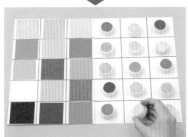

すべてのふたを1個ずつ表に返し、色が見えるようにする。

言葉かけ例
片手で1個ずつ、ゆっくり表に返していきましょう。

どんな色がありますか?

赤
黄色

はじめる前に、何色があるか確認し合うとよいでしょう。

② 同じ色のマス目に置く

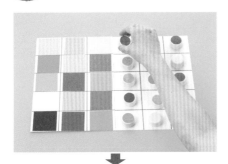

好きな色のふたを選び、左半分の同じ色のマスに置く。同じようにくり返してすべてのマスに置いていく。

言葉かけ例
よく見て同じ色を探してくださいね。

2人以上で行う場合は、1人1セットで行います。途中間違えても、スタッフは指摘せずに最後まで見守りましょう。

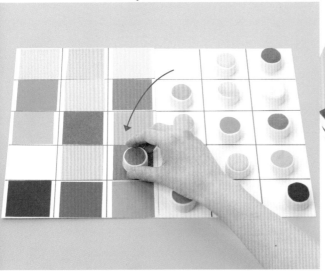

上の写真のように、似た色だと間違えて置くこともありますが、本人が気づいて正しい色に置き直すことも、トレーニングになります。

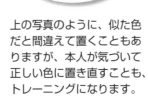

配慮のポイント

色の判別が難しい場合は、マス目を9個ずつにして色の数を減らしておきます。判別しやすい色にすると、よりやさしくなります。

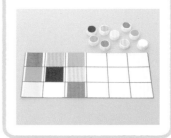

完成!

最後まで置いてから、スタッフは利用者と一緒に答え合わせをします。

紙皿バランスゲーム

紙コップと紙皿を交互に重ねていきます。バランスをとりながら、倒れないように積み上げていきましょう。

ねらい

● **両手での動作をスムーズにする**
倒さないように積み上げていくことで、バランスのよい両手動作につながります。

● **認知機能に刺激を与える**
倒れない位置を模索することで、判断力が向上します。

[用意するもの]

深めの紙皿と、紙コップをそれぞれ6つずつ用意します。利用者が両手を伸ばして届く高さに合わせて、数は調整しましょう。

● 材料・用具
紙皿（直径22cm程度）6枚／
紙コップ（7オンス程度）6個

① 紙コップを置き、紙皿をのせる

紙コップを1個、体の前に置く。

その上に紙皿をのせる。

倒さないようにバランスをみてくださいね！

> **言葉かけ例**
>
> 紙コップが真ん中になるように、のせてくださいね。紙コップと紙皿は、上下どちらの向きで重ねてもいいですよ。

2人で行う場合は、紙コップと紙皿を1セットにして、交互にのせていきます。

② 交互に重ねていく

倒れないようにバランスをとりながら、紙コップと紙皿を交互に重ねていく。倒れたら、倒れたところからやり直す。

> **言葉かけ例**
>
> ゆっくりで大丈夫です。紙皿は両手でしっかり持ってのせましょう。

左右や下から見ながら、バランスのよいところに置く。

完成！

座って両手を伸ばした高さまで、積み上げられたらゴール。

配慮のポイント

紙コップを2個重ねて重くすると、安定して倒れにくくなります。

③ 上からはずしていく

両手を使いながら、上から1つずつはずしていく。

> **言葉かけ例**
>
> 今度は、上からゆっくりはずしていきましょう。

数えてペグ挿し

1から30まで順番に数字を探しながら、綿棒のペグを挿していきます。

ねらい

● **指の器用さを向上させる**
細い綿棒をつまんで穴に挿すことで、指先の細かい動作ができるようになります。

● **認知機能に刺激を与える**

[用意するもの]

紙皿に丸シールを30個貼って穴を開け、1〜30までの数字をランダムに書きます。綿棒は半分に切って30本のペグにします。

● 材料・用具
紙皿（厚手で深めのもの、直径22cm程度）2枚／綿棒15本／丸シール30枚／両面テープ／目打ち／油性ペン／はさみ

穴が見やすいように、はっきりとした色の丸シールを貼る。

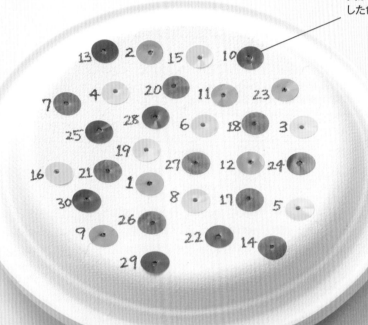

半分に切った綿棒は、小さな容器に入れておく。

● 作り方

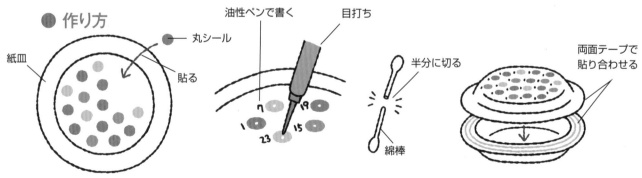

紙皿　丸シール　貼る

油性ペンで書く　目打ち

半分に切る　綿棒

両面テープで貼り合わせる

1 直径22cm程度の紙皿の裏面に丸シールを30枚貼り、目打ちなどで穴を開ける。穴のそばに1〜30の数字を書く。どの穴の数字かわかるように、穴の左側など書く位置を決めるとよい。綿棒は半分に切る。

2 表面が向き合うように、紙皿を貼り合わせる。

① ペグを1番の穴に挿す

\ 1 /

1番の穴を探して「1」と声に出しながら、ペグを挿す。

言葉かけ例

1の穴はどこでしょう。数字を声に出しながら挿しましょう。

2人以上で行う場合は、1から30まで順番に、ペグを挿すはやさを競います。

② 順番に挿していく

\ 2、3、4… /

順番に数字を探し、声に出して数えながら穴に挿していく。

言葉かけ例

30の穴まで挿していきますよ。頭と手を同時に動かすことで、脳トレになります！

利用者が順番を間違えても、最後までスタッフは見守る。

\ 28、29… /

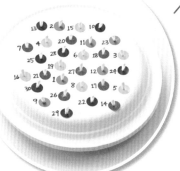

\ 30！ 完成！ /

③ 逆に数えながら抜く

30から1まで反対に数えながら、ペグを抜いていく。

言葉かけ例

次は抜いていきますよ。30から1まで逆に数えてください。

配慮のポイント

30まで行うのが難しい場合は、穴の数を半分に減らし、ペグを15本にします。

上肢　　手指

ビー玉のせゲーム

紙皿に高さの違うストローを10本貼り、ストローの切り口にビー玉を1個ずつのせていきます。

ねらい

● **片方の手での動作をスムーズにする**
つまんだビー玉を上手にストローの上にのせることで、手首、ひじ、肩がスムーズに動くようになります。

● 指の器用さを向上させる

[用意するもの]

異なる長さに切ったストローを10本、木工用ボンドなどで紙皿に立てて貼ります。ビー玉を10個用意します。

● 材料・用具
深めの紙皿（直径20cm程度）／タピオカ用の太いストロー 3本程度／ビー玉10個／木工用ボンドやグルーガン

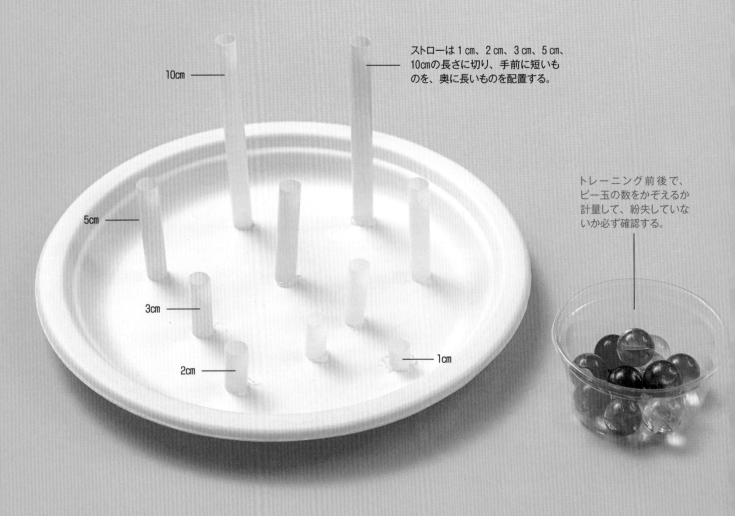

10cm

5cm

3cm

2cm

1cm

ストローは1cm、2cm、3cm、5cm、10cmの長さに切り、手前に短いものを、奥に長いものを配置する。

トレーニング前後で、ビー玉の数をかぞえるか計量して、紛失していないか必ず確認する。

30

① ビー玉をのせる

紙皿の中にビー玉を10個入れる。ビー玉を1個ずつ、好きなストローにのせる。

> **言葉かけ例**
> ビー玉を1個、指でつまんで、ストローにのせましょう。どこでも好きな場所でいいですよ。

あわてなくて大丈夫です！よく見てのせましょう

2人以上で行う場合は、それぞれにストローを貼った紙皿とビー玉を用意し、すべてのストローにビー玉がのるまでのはやさを競います。

> **言葉かけ例**
> 落とさないようにゆっくり置いて、指を離します。

落としたらまたのせて、すべてのビー玉がストローにのるまで続ける。

成功！

> **言葉かけ例**
> のせにくい時は、紙皿をそっと回して向きを変えましょう。両手を使ってもいいですよ。

② 1個ずつビー玉を下ろす

好きな場所から1個ずつビー玉を下ろしていく。

> **言葉かけ例**
> ほかのビー玉が落ちないように、1個ずつ下ろしていきましょう。

配慮のポイント

手のふるえなどで長いストローに手が触れてしまう場合は、ストローを10本とも2〜3cmに切って同じ長さにする。

ストロー迷路

空き箱にストローで迷路を作り、ビー玉をゴールまで転がします。

● **両手での動作をスムーズにする**
上手にビー玉を操作することで、両手を加減しながら動かすことができるようになります。

● **座位バランスを向上させる**

[用意するもの]

お菓子などの空き箱の底に、ストローを貼って迷路を作ります。一方向にビー玉が通れるように作りましょう。

● 材料・用具
A3サイズ程度の空き箱／ストロー10本程度／ビー玉1個／両面テープ／サインペン

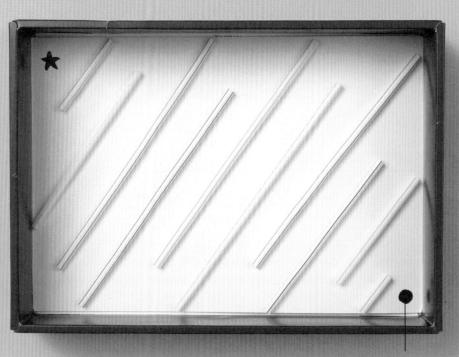

スタートとゴールがわかるように、サインペンで●印と★印をつける。

トレーニング前後で、紛失していないか必ず確認する。

● 作り方

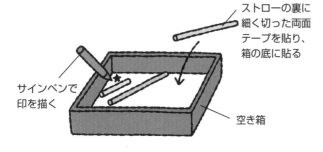

ストローの裏に細く切った両面テープを貼り、箱の底に貼る

サインペンで印を描く

空き箱

空き箱の大きさに合わせて、ストローを切って斜めに貼る。

● 迷路のルート例

<難易度・低>

同じ長さのストローを、高低差をつけて縦に貼る。

<難易度・高>

長さの違うストローを組み合わせて貼る。

① スタートにビー玉を置く

●印の位置にビー玉を1個置いたら、箱の両端を持ってビー玉を転がす。

言葉かけ例

丸印から星印までビー玉を転がしてください。ビー玉をよく見ながら箱を傾けましょう。

箱を傾けながら、ビー玉を星印まで転がしましょう！

② ゴールまでビー玉を転がす

箱を左右、前後に傾けながら、ストローの迷路を進んでいく。

2人以上で行う場合は、それぞれに迷路を用意して、同時にスタートし、ゴールまでのはやさを競います。

言葉かけ例

箱を傾けすぎるとビー玉がストローを越えたり、箱から落ちたりするので気をつけましょう。

配慮のポイント

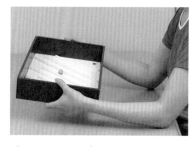

手がふるえるなどして箱を動かしにくい場合は、ひじをテーブルにつけて行うと、安定して動かしやすくなります。

★印に着いたら、今度は同じように箱を動かしながら●印まで戻る。

言葉かけ例

星印までいきましたね！今度は、丸印まで戻ってみましょう。

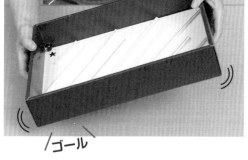

/ゴール

牛乳パックおみくじ

底に小さな穴を開けた牛乳パックを2本つなげ、中にわりばしを入れます。おみくじのように振って、わりばしを取り出します。

ねらい

● **両手での動作をスムーズにする**
両手で牛乳パックをくり返し振ることで、手首、上肢、肩をスムーズに動かすことができます。

● **認知機能に刺激を与える**
どこにわりばしがあるのかを推測することで、判断力が向上します。

[用意するもの]

牛乳パック2本の底にそれぞれ1か所穴を開け、縦に貼り合わせます。牛乳パックの口からわりばし10本を入れ、クリップでふたをします。

● 材料・用具
牛乳パック（1L）2本／わりばし10本／クリップ／空き箱／ガムテープ／カッター／サインペン（赤）

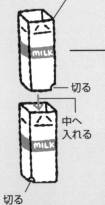

牛乳パック

切る

中へ入れる

切る

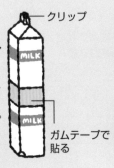

クリップ

ガムテープで貼る

底の角をカッターで切り、わりばしが1本通る程度の穴を1か所ずつ開ける。上下で穴が同じ位置にならないように牛乳パックを貼り合わせ、わりばしを入れたら口をクリップで塞ぐ。

MILK

わりばし
当たりとして、1本だけ先を赤く塗っておく。

牛乳パックを振ってわりばしを出す

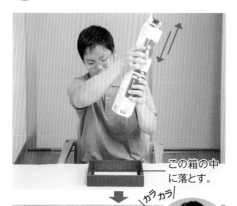

この箱の中に落とす。

カラカラ

牛乳パックを両手で持ち上下左右に振って、上の段から下の段へわりばしを落とす。

> **言葉かけ例**
> いろいろな方向に振ってみてください。重さを感じて、わりばしがどこにあるか想像してみましょう。

牛乳パックを回したり斜めに振ったり、自由に動かす。できるだけ両手で振るとよい。

> **言葉かけ例**
> わりばしは下の牛乳パックに落ちましたか? わりばしが穴から落ちたか、音を聞いてみましょう。

穴の位置を確認しながら動かす。

> さあ、誰がはやくわりばしを全部出せるでしょうか

2人以上で行う場合は、すべてのわりばしが出るまでのはやさを競います。赤い印のわりばしが、何番めに出たかでポイントを加えてもよいでしょう。

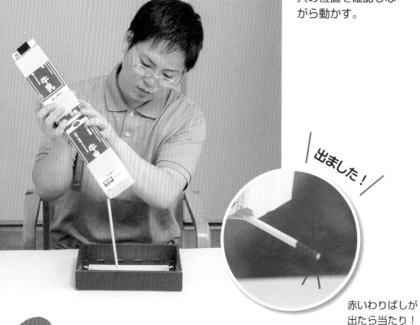

出ました!

赤いわりばしが出たら当たり!

配慮のポイント

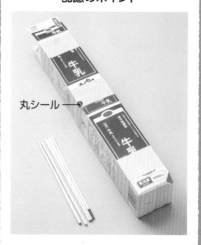

丸シール →

わりばしが出しづらい場合は、わりばしの数を5本に減らします。また、つなぎめにある穴の位置を丸シールなどで示しておくと、目安になります。

10本すべて出す

わりばしがすべて穴から出るまで振る。

> **言葉かけ例**
> まだ音がしますね。もう少し振ってみましょう。

牛乳パックパズル

牛乳パックの側面に図形の一部をそれぞれ貼り、
4本組み合わせて正しい形に揃えます。

ねらい

● 認知機能に刺激を与える
　バラバラになった図形を組み合わせることで、計画力や
　記憶力の改善につながります。

● 両手での動作を
　スムーズにする

[用意するもの]

4種類の図形を用意し、4等分に切った図形を牛乳パック4本
にそれぞれ貼ります。

● 材料・用具
牛乳パック（1L）4本／図形4種類×2枚（A4サイズでプリ
ント）／セロハンテープ／両面テープ

図形
見本用にプリントした図形を用意する。

● 作り方

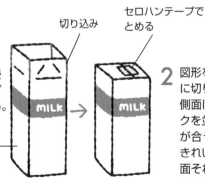

1 牛乳パックの口を畳
んでセロハンテープ
で貼り、箱形にする。

切り込み

セロハンテープで
とめる

MILK

牛乳パック

2 図形をそれぞれ4等分
に切り、牛乳パックの
側面に貼る。牛乳パッ
クを並べ、図形の輪郭
が合うように貼ると、
きれいに仕上がる。4
面それぞれに異なる図
形のパーツを貼る。

図形（A4）

切る

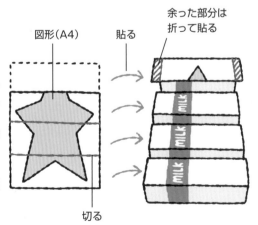

貼る

余った部分は
折って貼る

MILK
MILK
MILK

1 パズルの色を合わせる

テーブルに見本の図形を置く。カゴに入った牛乳パック1本を取り出す。

よく見て、この見本と同じ形にしましょう！

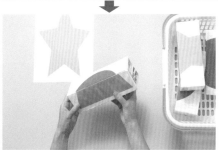

回転させたり、向きを変えたりして、見本の色を探す。

言葉かけ例
黄色い星ですね。黄色の面を探しましょう。

2人で行う場合は、2人分のパズルをカゴに入れ、スタッフが図形の見本を示すとよいでしょう。

同じ色の面を表にして並べる。

2 パズルの形を合わせる

見本を見ながら、位置を入れ替える。

言葉かけ例
一番上から順に並べてみましょうか。

配慮のポイント

同じ図形に合わせづらい場合は、見本を敷き、その上に並べるようにします。

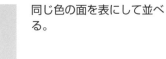
完成！

図形の例

形がはっきりとした単純な図形にし、それぞれの色を変える。

複雑な形（動物など）にすると、難易度が上がる。

3 ほかの形も合わせる

パズルをカゴに戻してから、別の図形を見ながら同じように合わせていく。

キャップタワー

ペットボトルのふた2個をラップ芯に入れ、ラップ芯を持ち上げて倒さないようにタワーを作ります。

ねらい

● **片方の手での動作をスムーズにする**
ラップ芯を慎重に持ち上げることで、肩、ひじ、手首の連動した動きを鍛えます。

● つまむ力をつける

［用意するもの］

ペットボトルのふたを2個1セットにして、ビニールテープで貼り合わせます。黒、青、緑、黄、赤などわかりやすい色を使って、10個作ります。

● 材料・用具
ラップ芯（30cm程度のもの）／ペットボトルのふた20個／ビニールテープ5色（黒、青、緑、黄、赤）／空き箱

ラップ芯
ペットボトルのふたが入る、内径が3cm以上のものを用意する。

ペットボトルのふた
それぞれ開口部を貼り合わせる。同じ色のものを2個ずつ作る。

① ラップ芯に同じ色のふたを2個入れる

ラップ芯をテーブルに立てて片手で持ち、もう片方の手でふたを1個取る。

ふたを水平に持ち、ラップ芯の中に落とす。その上から同じ色のふたをもう1個入れる。

言葉かけ例

ラップ芯は動かさないようにしましょうね。指先でしっかりふたをつまんで、中に落としましょう。

2人以上で行う場合は、5色のキャップタワーが立つまでのはやさを競います。立てるタワーの数を増やしてもよいでしょう。

② ラップ芯を持ち上げる

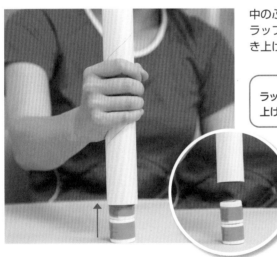

中のふたが倒れないように、ラップ芯をまっすぐ上に引き上げる。

言葉かけ例

ラップ芯を真上にそっと上げますよ。

キャップタワーが倒れなかったら成功！倒れたら、やり直しましょう。

配慮のポイント

手のふるえなどでラップ芯をまっすぐ引き上げづらい場合は、ラップ芯の下部を持ち、ひじをつけたまま、持ち上げるとよいでしょう。

③ すべてのふたを立てる

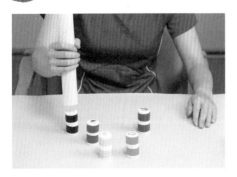

立てたキャップタワーは倒さないようにそのままにして、5色のふたをすべて同じように立てる。左右の手を替えて行う。

言葉かけ例

5色のタワーが立ちました！

巻き巻きラップ芯

重りが入った紙コップをラップ芯で巻き上げていきます。
両手をタイミングよく動かして巻き上げましょう。

ねらい

● **両手での動作をスムーズにする**
手首を交互に動かして糸を巻き上げることで、手首の
曲げ伸ばしの力をつけることができます。

● **つまむ力をつける**

[用意するもの]

紙コップに通した毛糸の先を、ラップ芯に貼ってつなげま
す。紙コップの中にはビー玉を入れます。

● 材料・用具
ラップ芯／紙コップ／毛糸（2m程度）／ビー玉20個
程度／セロハンテープ／穴あけパンチ

トレーニング前後で、ビー玉の
数をかぞえるか計量して、紛
失していないか必ず確認する。

● 作り方

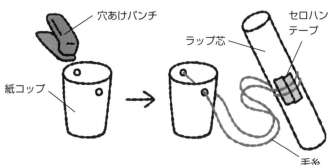

穴あけパンチ

セロハン
テープ

ラップ芯

紙コップ

毛糸

1 紙コップに穴あけパンチで向かい合わせに2か所穴を開
け、毛糸を通す。毛糸の先をラップ芯にしっかりと貼る。

2 紙コップの中にビー玉を20個程度入れる。

① ラップ芯を持つ

いすに座って、両足を肩幅に開く。ラップ芯は胸の前で、床と水平になるように両手で持つ。

言葉かけ例

背筋を伸ばしてくださいね。毛糸がピンと張るように持ちましょう。

紙コップが床につくように、毛糸の長さを調節する。

② 紙コップを巻き上げる

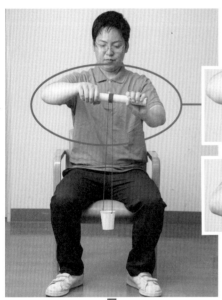

手首を曲げたり伸ばしたりしながら、紙コップを巻き上げていく。

言葉かけ例

ゆっくりでいいですよ。ぞうきんを絞るようにして、手首を動かします。

グループで行い、巻き上げてから下ろすまでのはやさを競うのもよいでしょう。

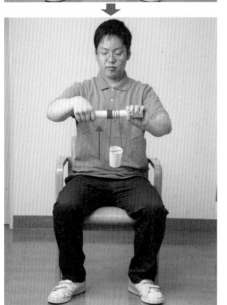

紙コップがラップ芯につくまで巻き上げる。

言葉かけ例

疲れたらラップ芯を握ったまま、休みましょうか。ゴールまであと少し。がんばりましょう！

配慮のポイント

握力や腕の筋力が弱い場合は、ビー玉の数を4〜5個に減らして行いましょう。逆に難易度を上げる場合は、ビー玉の数を20個以上に増やして行います。

③ 紙コップを下ろす

今度は紙コップが床につくまで、下ろしていく。**2・3**を3〜5セットくり返す。

連続輪ゴムかけ

水を入れたペットボトルに輪ゴムをかけていきます。一度に何本の輪ゴムをかけられるでしょうか。

ねらい

● 握力を向上させる
　輪ゴムを連続して広げることで、握力や指の力をつけることができます。

● 指の器用さを向上させる

[用意するもの]

500mL程度のペットボトルを用意します。輪ゴムは20本ほど紙皿などに入れておきます。

● 材料・用具
ペットボトル（500mL程度）1本／輪ゴム20本程度／紙皿

輪ゴムをかける時に倒れないように、中に水を入れる。

① 輪ゴムをペットボトルにかける

輪ゴムを1本取り、両手で広げながら水の入ったペットボトルにかける。

言葉かけ例

すべての指を使って、輪ゴムを広げましょう。まずは、ボトルの下のほうにかけますよ。

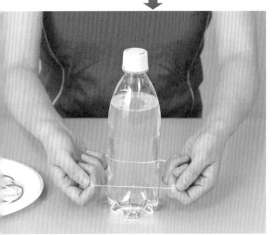

輪ゴムをしっかり指で広げてかけましょう！

2人以上で行う場合は、一度にかける輪ゴムを1本ずつ増やしていき、5本一緒にかけ終わるまでのはやさを競います。

② 本数を増やしてかける

次に輪ゴムを2本取り、同じようにペットボトルにかける。

言葉かけ例

輪ゴムを2本取ってくださいね。2本一緒にペットボトルにかけましょう。

3本、4本、5本と一度にかける本数を増やしながら、かけていく。

配慮のポイント

輪ゴムを広げる力が弱い場合は、2本一緒に、5回かけるようにします。

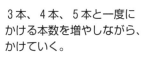

成功！

5本一緒にかけられたら成功！

座位
バランス

上肢

輪ゴムヨーヨー

輪ゴムをつなげ、その先にお手玉を結んでヨーヨーにします。上手にキャッチしましょう。

■■ ねらい

● **座位バランスを向上させる**
戻ってくるお手玉をつかむことで、体を動かしてバランス力を向上させます。

● 片方の手での動作をスムーズにする
● 握力を向上させる

[用意するもの]

輪ゴムを6〜7本つなげ、その先にお手玉を1個くくりつけます。

● 材料・用具
輪ゴム6〜7本／お手玉（40g程度）1個

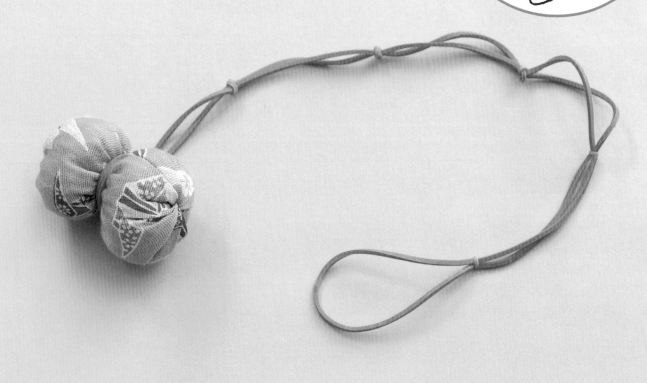

● 作り方

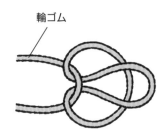

輪ゴム

1 輪ゴムをつなげる。

指を入れる

4〜5本

お手玉

2 輪ゴムの先にお手玉をくくりつける。輪ゴムの数は、座ってヨーヨーをした時に床につかないよう調整する。

① ヨーヨーを持つ

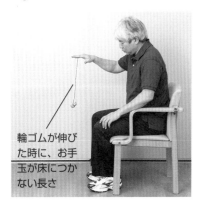

輪ゴムに指を通し、体の前にヨーヨーを下げる。

> **言葉かけ例**
> 指に輪ゴムをかけたら、軽く腕を上下させてください。下に投げた時に、床につかないかどうか、確かめましょう。

輪ゴムが伸びた時に、お手玉が床につかない長さ

> お手玉の動きをよく見てキャッチしてくださいね

2人以上で行う場合は、10回連続して行い、お手玉をつかんだ回数を競います。

② 下に投げてつかむ

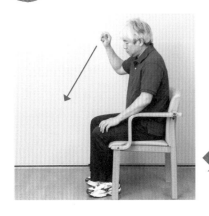

下に投げ、投げた手で戻ってきたお手玉をつかむ。10回くり返す。

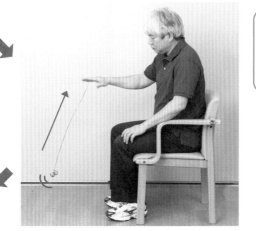

> **言葉かけ例**
> ヨーヨーをするように、下に投げてつかみます。お手玉の動きをよく見ましょう。

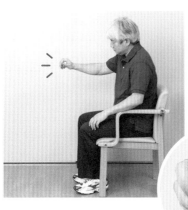

> **言葉かけ例**
> つかめましたね！
> もう一度やってみましょう。

③ できる人は前に投げてつかむ

斜め前に投げる　　　　下から投げる

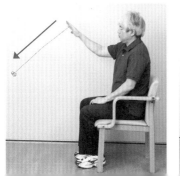

チャレンジとして、斜め前や下投げなど、いろいろな方向に投げてつかむ。

配慮のポイント

つかむのが難しい場合は、お手玉を2個にします。そうするとお手玉の動きが遅くなり、つかみやすくなります。

手指　上肢

ビー玉ジグザグ入れ

ペットボトルを6本ジグザグに並べて、ビー玉を入れていきます。両方の手を使って、ねらいを定めて入れましょう。

ねらい

● **指の器用さを向上させる**
　つまんで小さな穴に入れることで、手のふるえなどの改善になります。

● 片方の手での動作をスムーズにする
● 握力を向上させる

[用意するもの]

300mL程度のペットボトルを6本用意します。ビー玉は30個、紙皿に入れておきます。

● 材料・用具

ペットボトル（300mL程度）6本／ビー玉30個／深めの紙皿

ペットボトルは同じ
高さのものを選ぶ。

トレーニング前後で、ビー玉の
数をかぞえるか計量して、紛
失していないか必ず確認する。

① ペットボトルをジグザグに置く

体の前にビー玉を入れた紙皿を置く。6本のボトルを左右に3本ずつ手が届く範囲にジグザグに置く。手を伸ばして届くか確認する。

言葉かけ例
両腕を伸ばした時にボトルに手が届きますか。

1個ずつビー玉を入れていきましょう。

2人以上で行う場合は、利用者それぞれにペットボトルとビー玉を用意して同時に行い、はやさを競います。

② ビー玉を1個入れる

手前の①のボトルに、右手でビー玉を1個入れる。

言葉かけ例
まずは、一番近いボトルに入れてください。ボトルを倒さないように入れましょう。

③ 左右交互に入れていく

ボトルにはさわらず、親指と人さし指でビー玉をつまんで入れる。

左手で②のボトルにビー玉を1個入れる。同様に①、③、⑤は右手で、②、④、⑥は左手で、⑥まで順に手前から遠くのボトルに左右交互に入れていく。

言葉かけ例
少し離れたボトルに入れますよ。腕を伸ばしましょう。

6本全部に入れたら、①〜⑥の順にさらに1個ずつ入れていく。それをくり返し、それぞれのボトルにビー玉を5個ずつ入れる。

配慮のポイント ❶

腕を伸ばすのが難しい場合は、6本のボトルを近くに置いて行いましょう。片麻痺の人の場合は、非麻痺側の手が届く範囲で左右どちらにも並べて行います。

配慮のポイント ❷

距離感をつかむのが難しい場合や、入れた個数がわからなくなる場合は、手前から遠くのボトルに向かって、1本に5個ずつ連続してビー玉を入れていきます。

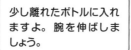

（手指）（上肢）

トングでビー玉つかみ

スポンジを挟んだトングでビー玉をつかんで、
隣の皿に移します。

ねらい
● 握力を向上させる
　トングを握ってビー玉をつかむことで、握力がつきます。
● つまむ力をつける
● 片方の手での動作を
　スムーズにする

[用意するもの]

トングにスポンジを挟んで輪ゴムで
とめます。ビー玉は30個、紙皿に入
れておきます。

● 材料・用具
トング（30cm程度の長さ）／ビー
玉30個／深めの紙皿2枚／スポ
ンジ／輪ゴム

トレーニング前後で、ビー玉の数
をかぞえるか計量して、紛失して
いないか必ず確認する。

先端でビー玉がつかめる
形のトングを用意する。

縦半分に切ったスポンジを1個半分に折り、
トングのつけ根に挟んで輪ゴムでとめる。

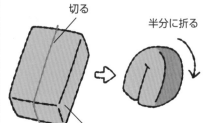

切る　　半分に折る

スポンジ

48

1 利き手でトングを持ちビー玉をつかむ

体の前に、ビー玉30個が入った紙皿と空の紙皿を置く。片手でトングを握り、ビー玉を1個つかむ。

言葉かけ例

トングの先でつまむようにつかみましょう。

ビー玉を途中で落とさないよう、しっかり握ってくださいね。

2 隣の皿に移す

そのまま隣の紙皿まで持っていき、ビー玉を移す。

言葉かけ例

つかめました！ そのまま持って、隣の紙皿に落としましょう。

2人以上で行う場合は、30個のビー玉を1個ずつトングでつかみ、隣の皿に移して、また元に戻すまでのはやさを競います。

トングの真ん中あたりをしっかり握ってビー玉をつかむ。

3 すべて移したら反対の手で戻す

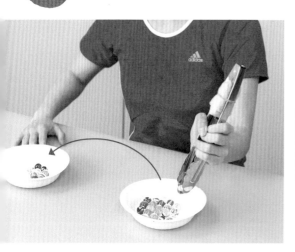

ビー玉30個をすべて移したら、今度は反対の手でトングを持ち、同じように1個ずつ戻していく。

言葉かけ例

今度は反対の手で持ちます。ちょっと難しいですが、握力のトレーニングになりますよ。

配慮のポイント

握力が弱い場合は、ビー玉の数を10個ほどに減らし、トングにはスポンジをつけずに行いましょう。

ボックスタワー

ティッシュボックスの側面に色と数字をつけて、
同じ色で数字の順に重ねていきます。4面それぞ
れ順番通りに重ねましょう。

● **両手での動作をスムーズにする**
ボックスを両手でバランスよく持つことで、両手の協
調性の改善につながります。

● **認知機能に刺激を
与える**

[用意するもの]

同じ大きさのティッシュボックスを7個用意
し、側面にそれぞれ4色のカラーガムテー
プを貼ります。色ごとにランダムに1から
7の数字を書きます。

● 材料・用具
同じ大きさのティッシュボックス7個
／カラーガムテープ4色（赤・水色・
白・黄色など）／油性ペン（黒）

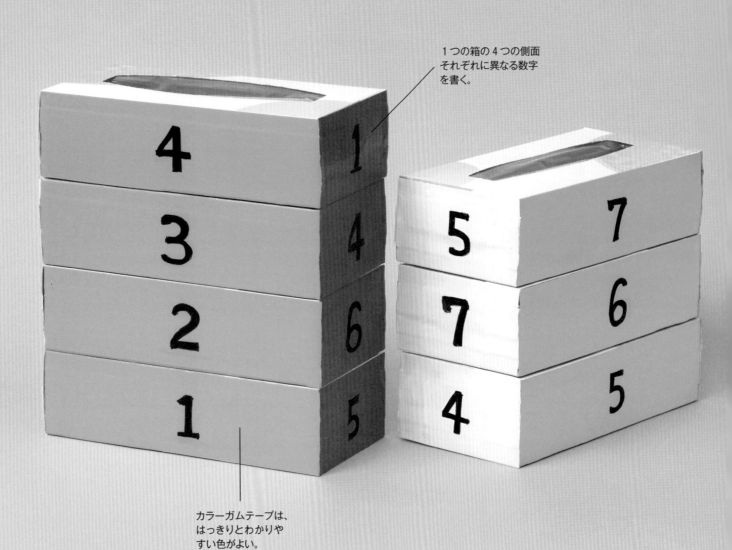

1つの箱の4つの側面
それぞれに異なる数字
を書く。

カラーガムテープは、
はっきりとわかりや
すい色がよい。

1 ティッシュボックスを置く

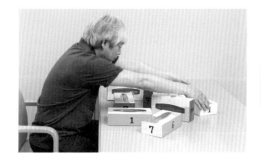

手の届く範囲にティッシュボックスをランダムに置く。

言葉かけ例

手が届く範囲で、できるだけ遠くに置きましょう。

色と数字をよく見て、重ねていきましょう

2人以上で行う場合は、利用者それぞれにティッシュボックスを7個用意し、色と数字を合わせて重ねるはやさを競います。

2 同じ色に揃える

スタッフが色を指示する。利用者は指示された色の面が手前に向くように、ティッシュボックスの向きを揃える。

言葉かけ例

まずは水色に揃えましょう。水色の面を手前に向けてください。

3 「1」から「7」まで重ねる

体の前に「1」と書いてあるボックスを置き、同じ色で「2、3、4、5、6、7」と順番に両手で重ねていく。

配慮のポイント

色と数字の両方を認識するのが難しい場合は、色分けしただけのティッシュボックスで同じ色に重ねていきます。

言葉かけ例

倒れないように重ねてくださいね。

成功！

すべて重ねたら1個ずつ下ろしていき、今度は違う色で重ねる。4色すべて行う。

ボックス転がし

2色に色分けしたティッシュボックス3個を足元に置いて、足だけでひっくり返して同じ色面に揃えます。

● ねらい

- **座位バランスを向上させる**
  ボックスを両足で動かすことで、下肢の筋力や腹筋が強くなり転倒予防につながります。

- **立位バランスを向上させる**

[用意するもの]

同じ大きさのティッシュボックスを3個用意し、天面と底面で色を変えて、カラーガムテープを貼ります。

● 材料・用具

同じ大きさのティッシュボックス3個／新聞紙／カラーガムテープ3色（青・赤・白）／セロハンテープ

底面には赤のカラーガムテープを貼っておく。

● 作り方

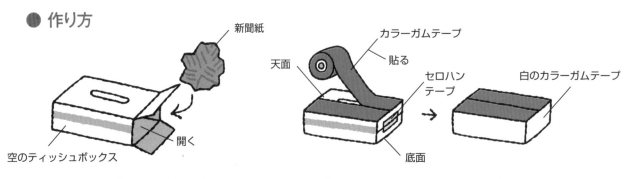

新聞紙

空のティッシュボックス　　開く

1 ティッシュボックスの側面の片側を開け、新聞紙を詰めてセロハンテープでふさぐ。足で挟んでも、つぶれない堅さにする。

カラーガムテープ

天面　　貼る

セロハンテープ

白のカラーガムテープ

底面

2 天面と底面にそれぞれ青・赤2色のカラーガムテープを貼る。まわりに白のカラーガムテープを貼ると、色の見分けがつきやすい。

足元に箱を置く

スタッフが利用者の足元にティッシュボックスを3個重ねて置く。同じ色（赤）の面を上向きに揃えておく。

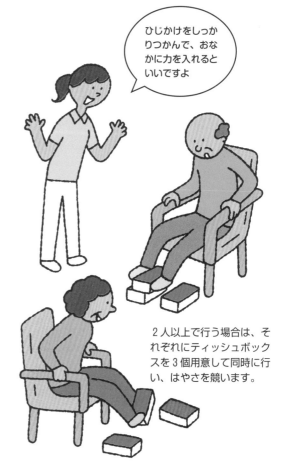

ひじかけをしっかりつかんで、おなかに力を入れるといいですよ

2人以上で行う場合は、それぞれにティッシュボックスを3個用意して同時に行い、はやさを競います。

 **1個ずつ下ろす**

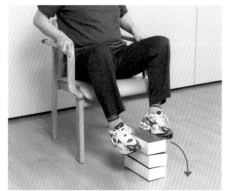

両足を使って、1個ずつ下ろしていく。

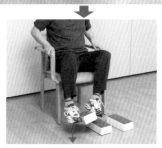

配慮のポイント

足を上げて1個ずつ下ろしたり、裏返したりするのが難しい場合は、数を2個に減らして行います。

同じ色に揃える

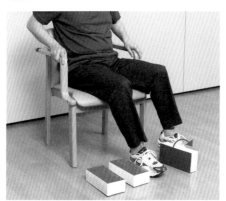

床に並べたティッシュボックス3個を、足だけで青色の面に裏返す。

つま先で踏んで返したり、両足で挟んだりして、足をしっかり動かして裏返す。

ゆらゆらハンガー

ハンガーの中心に、次々とハンガーをかけてつなげていきます。バランスよくかけていきましょう。

ねらい

● **立位バランスを向上させる**
立ったまま、不安定なハンガーをかけていくことで、下肢の筋力がつき立位が安定します。

● 座位バランスを向上させる
● 片方の手や両手での動作をスムーズにする

[用意するもの]

利用者が立って手が届く高さにロープを張ります。ハンガーは5〜7本用意し、カゴなどに入れておきます。

● 材料・用具
ハンガー 5 〜 7本／
ロープ（3m程度）

ハンガー
プラスチック製で、断面が丸いものを使うと、バランスがとりやすい。

ロープ
壁のフックなどに、ロープを結んで張る。前後の壁につかないようスペースをとる。

① ロープの後ろに立つ

手が届く高さにロープを張り、後ろに立つ。後方に座るためのいすを、横につかまるためのいすを置く。

つかまるためのいすに、ハンガーを入れたカゴを置く。

がんばれ！

② バランスよくハンガーをかける

片手で横のいすの背もたれをつかみ、支えにしながら、ハンガーをロープにかける。

言葉かけ例

ハンガーをしっかり持ってくださいね。

補助用のいす以外、前後左右には物を置かないようにします。2ｍ×2ｍほどのスペースがあるとよいでしょう。転倒防止のため、スタッフは近くで見守ります。

ハンガーが左右に傾かないように、中心をねらってバランスをとりながら、つなげていく。

言葉かけ例

ハンガーの真ん中にかけましょう。ハンガーをかけたら、そっと手を離します。

残念！もう一度

傾いたら外して、やり直す。

配慮のポイント ❶

ハンガーの中心がわかりづらい場合は、マスキングテープなどを貼って目印にします。

配慮のポイント ❷

立位バランスに不安がある場合は、スタッフが後ろから腰に手を添えて支えると、バランスを保てます。

前傾姿勢でできるだけ低い位置までかけていく。いすに座ってかけたらゴール。

言葉かけ例

できるだけ立ったままかけましょう。低くなってきたら、いすに座ってくださいね。

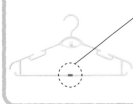

座位
バランス ／ 上 肢

ヨコヨコハンガー

ロープにつけた洗濯ばさみを目印に、座ったまま
左右交互にハンガーをかけていきます。

ねらい

● 座位バランスを向上させる
座った状態で左右に手を伸ばし体を傾けることで、バ
ランス感覚を養います。

● 片方の手での動作を
スムーズにする

[用意するもの]

座った状態で手が届く高さにロープを張り、30cmおきに洗濯ばさみをつ
けます。ハンガーは 8～10本用意し、カゴなどに入れておきます。

● 材料・用具
ハンガー 8～10本／ロープ（3m程度）／洗濯ばさみ 5個

● 設置の仕方

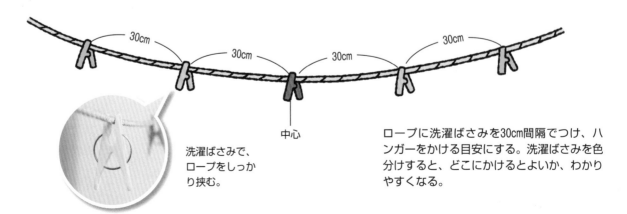

洗濯ばさみで、
ロープをしっか
り挟む。

中心

ロープに洗濯ばさみを30cm間隔でつけ、ハ
ンガーをかける目安にする。洗濯ばさみを色
分けすると、どこにかけるとよいか、わかり
やすくなる。

1 ハンガーを近くにかける

真ん中の洗濯ばさみ（▼）の下に座る。洗濯ばさみ①②の順にハンガーをかける。

言葉かけ例

黄色の洗濯ばさみの外側にかけましょう。両手を使ってもいいですよ。

次はこちらにかけましょう。自分のペースで大丈夫です！

2 遠くにかける

次に遠くの洗濯ばさみ③の外側にハンガーをかける。

言葉かけ例

腰を浮かすようにして腕を伸ばしましょう。

スタッフは近くで見守りながら、次にかける場所を指し示すとよいでしょう。はやさではなく、自分のペースで行うことが重要です。
麻痺のある場合は無理をせず、医療スタッフの指示をあおぎましょう。

反対側④の外側にも同じようにハンガーをかける。

言葉かけ例

足を踏ん張ってバランスをとってください。

配慮のポイント

座位のバランスがとりづらい場合は、ハンガーをかけるほうの足を大きく開くと、重心が安定してかけやすくなります。

3 くり返しかける

1・2をくり返し、ハンガーをかける。ハンガーがなくなるまで続ける。

言葉かけ例

もっとかけられますか？ハンガーを全部かけてみましょう。

うちわでポンポン

風船をうちわで連続して打ち上げます。声に出して回数を数えながら、落とさないようにしましょう。

ねらい

● **片方の手での動作をスムーズにする**
　手に持ったうちわで風船を操作することで、目と手の協調性の改善につながります。

● 座位や立位バランスを
　向上させる

[用意するもの]

はっきり認識できる濃い色の風船を用意し、うちわの直径と同じくらいの大きさ（23㎝程度）にふくらませます。

● 材料・用具
風船1個／
うちわ1本

58

① 風船とうちわを持つ

利き手にうちわを持ち、反対の手で風船を持つ。

言葉かけ例
風船が床に落ちないように、テーブルの上でかまえましょう。

いすに深く座り、テーブルから体をやや離す。

2人でテーブルを挟んで向かい合い、1つの風船を交互に打ち合ってもよいでしょう。

② うちわで上に打つ

真上に向かって風船をうちわで打つ。

言葉かけ例
ポーンと上に打ち上げますよ。回数を声に出して数えましょう。

ボールの動きを目で追いながら、うちわをかまえて打つ。

言葉かけ例
落ちてくる風船をよく見て打ちましょう。

配慮のポイント

上手に打てない人は、うちわの柄を短く持つと、打つ時に安定します。

体を動かして、届く範囲で拾って打つ。

言葉かけ例
連続して行うことが、手と目のトレーニングになりますよ。

③ くり返す

数えながら20回連続してできれば成功。

色分け風船アタック

５色の風船に、実際の色とは違う色の名前が書いてあります。ロープに吊るした風船から、指定された色の名前が書かれた風船を探してたたきます。

ねらい

● **認知機能に刺激を与える**
風船の色と書かれている色の違いを判断することで、判断力や記憶力の改善につながります。

● 片方の手での動作をスムーズにする
● 座位バランスを向上させる

［用意するもの］

利用者が座って手を伸ばした位置よりも高いところにロープを張ります。５色の風船に実際とは違う色の名前を書き、ロープにランダムに吊るします。

● 材料・用具
風船５色（赤、青、黄色、白、緑など）各１個／ロープ（３m程度）／毛糸／クリップ５個／油性ペン（黒）

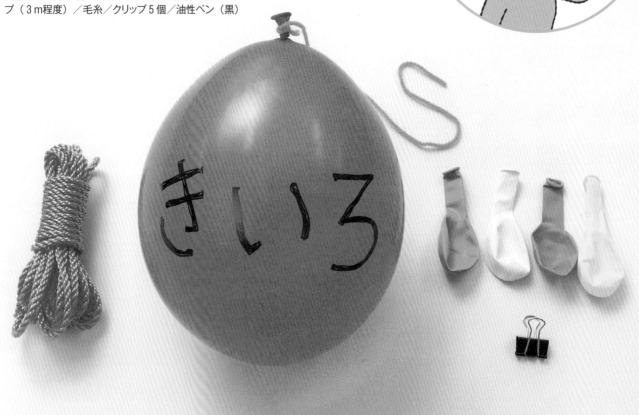

● 作り方

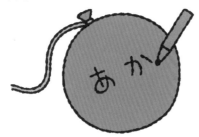

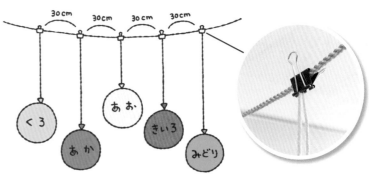

1 風船を直径23cm程度にふくらませたら口をとめ、油性ペンで風船の色とは違う色の名前を書く。風船に書く色は、実際とはかけ離れた色の名前にする。

2 風船の口に毛糸を結び30cm程度の間隔をあけて、ロープにクリップで吊るす。高さは手が届く範囲でランダムに差をつける。

1 風船の下に座る

座った状態で手を上げたり前に出したりして、風船をたたきやすい位置に、いすを調整する。

言葉かけ例

両手が届くか確かめてくださいね。

あお！

がんばれ！

風船は、上に伸ばした腕よりも、低い位置になるように調整する。

腕をまっすぐ前に伸ばした時に、指先が風船に届く位置に座る。

1人ずつ行い、時間を決めて交代します。みんなで教え合うのもよいでしょう。

2 指定された風船をたたく

「みどり」をたたいてください

スタッフが色を指定する。利用者は、その色の名前が書かれた風船を探して、手でたたく。

言葉かけ例

風船そのものの色ではなく、文字を見てください。

配慮のポイント

探すのが難しい場合は、風船の数を減らして行います。

「くろ」をたたいてください

5回連続して行う。

言葉かけ例

今度は「くろ」です。左右どちらの手でたたいてもいいですよ。

風船に書いてある文字が見えにくい場合は、風船を手で持って確認してからたたいてもよい。

教えて！錠内先生 リハビリレク Q&A

実施するうえでの質問や悩みを、錠内先生に伺いました。

Q1 作業療法士ではなくても、リハビリレクを行ってよいでしょうか？

A 安全に配慮し、実施する目的を持っていれば、誰が行っても大丈夫です。レクリエーションの目的を意識して、効果的に行いましょう

Q2 どのようにプランを選んだらよいでしょうか？

A p.5「目的で選べるプラン一覧」を参考にしてください。下記のような順番で検討してみると、その人に合ったプランが見つけられると思います。

① 1人で行うのかグループで行うのかを決める

② 行う目的を決める
[例] 力をつける、関節の可動域を広げる、集中力をつける など

③ いろいろなレクリエーションを実施して、新たな目的や効果を探る

Q3 高齢者以外でも行えますか？

A どれも介護現場で、安全で簡単に実施できるプランですが、年齢や身体機能に関係なく行えるものです。誰が行っても大丈夫です

Q4 どのくらいの頻度で、またどのくらい続けるとよいですか？

A 頻度や継続期間にこだわる必要はありません。少ない頻度でもそのリハビリレクが、その人のモチベーションにつながればよいと思います

Q5 リハビリレクを続けてもらうための コツはなんでしょう？

A まずはコミュニケーションを大切にしましょう。レクリエーションは、よい雰囲気でないと楽しくありません。強制的に実施するのではなく、いつでも参加でき、いつでも退席できるようにすることがポイント。自然に継続していくことが理想です

Q6 参加したがらない人への 効果的な言葉かけはありますか？

A こんな言葉かけは、いかがでしょうか。

[例]

・このレクリエーションを行うと、指先に力が入るようになりますよ

・楽しく体を動かして、元気になりませんか？

・見ているだけでいいので、こちらにいらっしゃいませんか？

・○○さんは麺類がお好きでしたよね？
このレクリエーションをすると、麺を箸でしっかり
つまめるようになりますよ

監修　錠内広之

作業療法士
日本鋼管病院リハビリテーション技術科 科長
一般社団法人神奈川県作業療法士会 監事。手作りの道具を用いた
訓練方法を考案し、心身的な効果が望めるリハビリに活用している。
『クリニカル作業療法シリーズ　福祉用具・住環境整備の作業療法』
（共著・中央法規出版）では、食事・整容・更衣動作に関連した自助
具や環境整備について、『疾患別　作業療法における上肢機能アプ
ローチ』（共著・三輪書店）では、日本鋼管病院で実施する訓練につ
いて執筆している。そのほか、投稿論文、雑誌掲載など多数。

レクリエブックス
作業療法士が監修！　身近な素材で楽しく機能向上！
手と指のリハビリレク
発行日　2024年3月20日　初版第1刷発行

監　修	錠内広之	表紙デザイン	村沢尚美（NAOMI DESIGN AGENCY）
発行者	大村 牧	本文デザイン	宮崎恭子（NAOMI DESIGN AGENCY）
発　行	株式会社ワンダーウェルネス	表紙イラスト	ささきともえ
発行・発売	株式会社世界文化社	本文イラスト	ささきともえ　（資）イラストメーカーズ　福井典子
	〒102-8194		イラストAC
	東京都千代田区九段北4-2-29	撮　影	小澤達也（Studio Mug）
電　話	編集部　03-3262-3913		伏見早織・久保田彩子（世界文化ホールディングス）
	販売部　03-3262-5115	撮影協力	医療法人社団こうかん会　日本鋼管病院
印刷・製本	図書印刷株式会社	編集協力	大口理恵子
		校　正	株式会社円水社
		製　版	株式会社明昌堂
		企画編集	小倉良江

※本書は、介護レクリエーション情報誌『レクリエ』2017年～ 2020年掲載の連載
　「作業療法的トレーニング」に、一部加筆・修正を行い再編集したものです。

©Wonder Wellness,2024.Printed in Japan
ISBN 978-4-418-24205-4